A LITTLE JAMIE BOOK

Celebrate with Me
Celebra conmigo

THANKSGIVING

ACCIÓN DE GRACIAS

Mitchell Lane
PUBLISHERS

Printing   1   2   3   4   5   6   7   8   9

A LITTLE JAMIE BOOK

Celebrate with Me	Celebra conmigo
Christmas	**Navidad**
Independence Day	**Día de la Independencia**
Memorial Day	**Día de los Caídos**
Thanksgiving	**Acción de Gracias**

Library of Congress Cataloguing-in-Publication Data
Hinman, Bonnie.
 Thanksgiving = acción de gracias / by Bonnie Hinman, translated by Eida de la Vega. — Bilingual ed. english-spanish.
   p. cm. — (A little Jamie book. Celebrate with me = Un libro "little Jamie." Celebra conmigo)
 Includes bibliographical references and index.
 ISBN 978-1-58415-861-5 (library bound)
 1. Harvest festivals—Juvenile literature. I. Vega, Eida de la. II. Title. III. Title: Celebra conmigo: acción de gracias.
 GT4380.H46 2011
 394.2649—dc22
                                                                                    2010006525

ABOUT THE AUTHOR: Bonnie Hinman has written over twenty books for young people, including *Threat to the Leatherback Turtle* and *Celebrate with Me: Christmas* for Mitchell Lane Publishers. Bonnie loves Thanksgiving, and every year she makes sure she has plenty of leftover turkey to eat.

ACERCA DE LA AUTORA: Bonnie Hinman ha escrito más de veinte libros para jóvenes, que incluyen *Threat to the Leatherback Turtle* and *Celebra conmigo: Navidad* para Mitchell Lane Publishers. A Bonnie le encanta el día de Acción de Gracias, y todos los años se asegura de que le sobre mucho pavo.

ABOUT THE TRANSLATOR: Eida de la Vega was born in Havana, Cuba, and now lives in New Jersey with her mother, her husband, and her two children. Eida has worked at Lectorum/Scholastic, and as editor of the magazine *Selecciones del Reader's Digest*.

ACERCA DE LA TRADUCTORA: Eida de la Vega nació en La Habana, Cuba, y ahora vive en Nueva Jersey con su madre, su esposo y sus dos hijos. Ha trabajado en Lectorum/Scholastic y, como editora, en la revista *Selecciones del Reader's Digest*.

PLB

Celebrate with Me
Celebra conmigo

THANKSGIVING
ACCIÓN DE GRACIAS

BY / POR
BONNIE HINMAN

TRANSLATED BY /
TRADUCIDO POR
EIDA DE LA VEGA

Mitchell Lane
PUBLISHERS

P.O. Box 196
Hockessin, Delaware 19707
Visit us on the web: www.mitchelllane.com
Comments? email us:
mitchelllane@mitchelllane.com

People in countries all over the world celebrate harvest festivals, much like the people in the United States celebrate Thanksgiving. Harvest festivals were held long before the Pilgrims settled Plymouth Plantation. In India, Pongal is more than 1,000 years old. The Chinese Moon Festival is thousands of years old.

4

En todas partes del mundo la gente celebra festivales de la cosecha, de forma parecida a como Estados Unidos celebra Acción de Gracias. Los festivales de la cosecha se llevaban a cabo mucho antes de que los Peregrinos se asentaran en Plymouth. En la India, Pongal se celebra hace más de 1000 años. El Festival de la Luna chino tiene varios miles de años.

The Chinese Moon Festival marks the end of a successful harvest. It is one of the oldest holiday celebrations in the world. Chuseok is the Korean harvest festival, celebrated in August. Koreans observe it as an occasion to give thanks for a good harvest and as a day to honor their ancestors.

El Festival de la Luna chino marca el fin de una cosecha exitosa. Es una de las celebraciones más antiguas del mundo. Chuseok es el festival coreano de la cosecha que se celebra en agosto. Para los coreanos es una ocasión para dar gracias por una buena cosecha y para honrar a sus ancestros.

In Papua New Guinea, a Baining fire dancer celebrates the beginning of the harvest. He wears a mask of bark, bamboo, and leaves. Some people in Poland also practice ancient thanksgiving customs. They display the bounty of the harvest before totem poles.

En Papúa Nueva Guinea, un bailarín del fuego Baining celebra el comienzo de la cosecha. Usa una máscara de corteza, bambú y hojas. Algunas personas en Polonia también practican antiguas costumbres para dar gracias. Despliegan la recompensa de la cosecha delante de postes totémicos.

There are several harvest festivals in India, including Pongal in January and Onam in August or September. Women design and make elaborate flower pictures for the courtyards of their homes. During Onam, performers painted to look like tigers act out a tiger hunt.

Hay varios festivales en la India, incluyendo Pongal en enero y Onam en agosto y septiembre. Las mujeres diseñan y hacen complicados dibujos florales para los patios de sus casas. Durante Onam, hay actores que se pintan para parecer tigres y representan la caza del tigre.

Germans celebrate a successful harvest with *Erntedankfest.* Held on a Sunday in early October, this holiday includes church services. There are also parades with bands and floats, plus displays of harvest grains and fruits.

Los alemanes celebran una cosecha exitosa con Erntedankfest. Se lleva a cabo un domingo de principios de octubre e incluye servicios religiosos. Hay también desfiles con bandas y carrozas, además de un despliegue de los granos y frutas cosechados.

CANADA/
CANADÁ

USA/
EE.UU.

GERMANY/
ALEMANIA

Throughout history, people in countries around the world have given thanks for good harvests. In modern times, the United States and Canada have begun newer traditions.

14

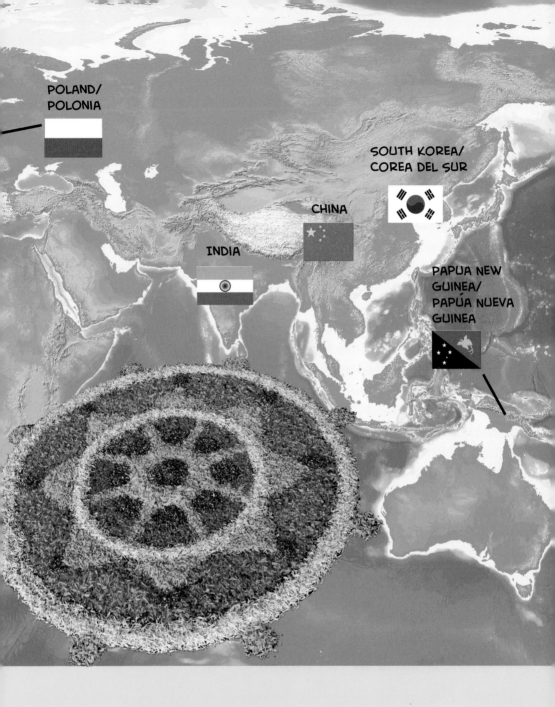

POLAND/
POLONIA

SOUTH KOREA/
COREA DEL SUR

CHINA

INDIA

PAPUA NEW
GUINEA/
PAPÚA NUEVA
GUINEA

A través de la historia, la gente en países de todo el mundo ha dado gracias por las buenas cosechas. En tiempos más recientes, los Estados Unidos y Canadá han comenzado nuevas tradiciones.

15

Martin Frobisher

The Canadian Thanksgiving is also older than the first ones in the United States. In 1578, English explorer Martin Frobisher offered thanks for surviving the long journey to Canada from England. Canadians celebrate the holiday in October, with many of the same customs as those in the United States.

El día de Acción de Gracias en Canadá es más antiguo que los primeros de Estados Unidos. En 1578, el explorador inglés Martin Frobisher dio las gracias por haber sobrevivido el largo viaje de Inglaterra a Canadá. Los canadienses celebran ese día feriado en octubre, con tradiciones muy parecidas a las de Estados Unidos.

In 1621, the Pilgrims gave thanks for their first harvest in the New World. They asked the Wampanoag to celebrate with them. The Pilgrims and Wampanoag ate duck, venison, and corn during their weeklong feast. In spite of all the paintings and stories about that event, few facts are known about the Pilgrims' harvest festival.

En 1621, los Peregrinos dieron gracias por su primera cosecha en el Nuevo Mundo. Les pidieron a los Wampanoag que celebraran con ellos. Los Peregrinos y los Wampanoag comieron pato, venado y maíz durante la fiesta que duró una semana. A pesar de todas las pinturas y las historias acerca de ese acontecimiento, se conocen pocos datos sobre el festival de la cosecha de los Peregrinos.

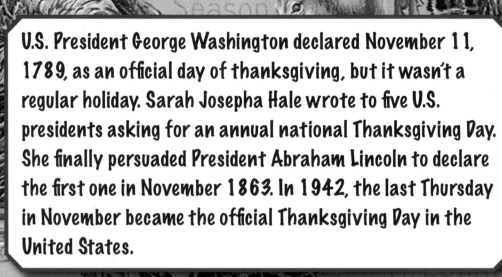

U.S. President George Washington declared November 11, 1789, as an official day of thanksgiving, but it wasn't a regular holiday. Sarah Josepha Hale wrote to five U.S. presidents asking for an annual national Thanksgiving Day. She finally persuaded President Abraham Lincoln to declare the first one in November 1863. In 1942, the last Thursday in November became the official Thanksgiving Day in the United States.

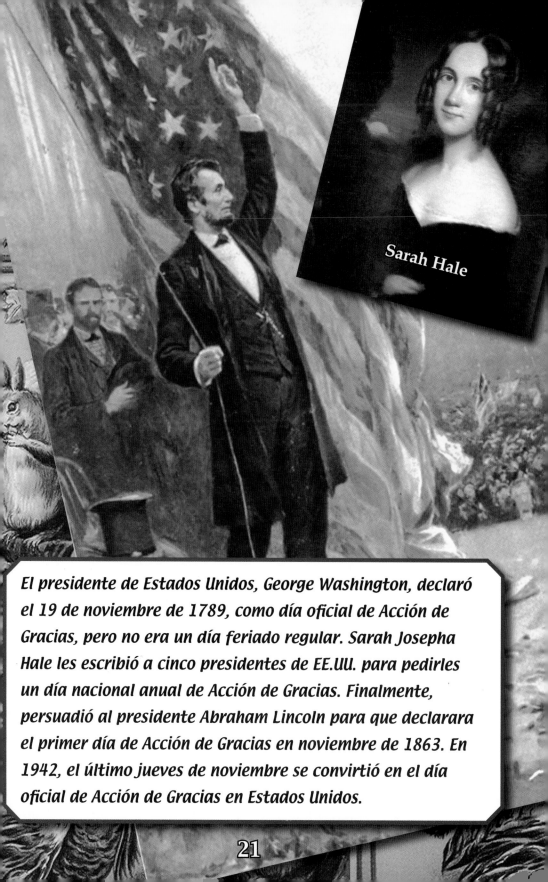

Sarah Hale

El presidente de Estados Unidos, George Washington, declaró el 19 de noviembre de 1789, como día oficial de Acción de Gracias, pero no era un día feriado regular. Sarah Josepha Hale les escribió a cinco presidentes de EE.UU. para pedirles un día nacional anual de Acción de Gracias. Finalmente, persuadió al presidente Abraham Lincoln para que declarara el primer día de Acción de Gracias en noviembre de 1863. En 1942, el último jueves de noviembre se convirtió en el día oficial de Acción de Gracias en Estados Unidos.

Many Americans serve a traditional Thanksgiving dinner of turkey, cranberries, sweet potatoes or mashed potatoes, and pumpkin pie. The Pilgrims would have had none of these foods, with the possible exception of wild turkey.

Muchos estadounidenses sirven una comida tradicional de Acción de Gracias, que consiste en pavo, arándanos, batatas o puré de papas, y pastel de calabaza. Los Peregrinos no tuvieron ninguna de estas comidas, con la posible excepción del pavo salvaje.

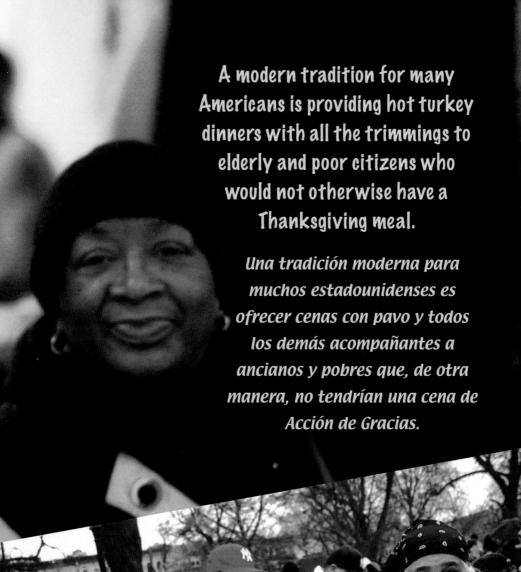

A modern tradition for many Americans is providing hot turkey dinners with all the trimmings to elderly and poor citizens who would not otherwise have a Thanksgiving meal.

Una tradición moderna para muchos estadounidenses es ofrecer cenas con pavo y todos los demás acompañantes a ancianos y pobres que, de otra manera, no tendrían una cena de Acción de Gracias.

The Macy's Thanksgiving Day Parade has been held since 1924. Families fill the streets of New York City or watch the famous parade of balloons, floats, and bands on television as they wait for Thanksgiving dinner to be served.

El desfile del día de Acción de Gracias de Macy's se ha celebrado desde 1924. Las familias llenan las calles de la ciudad de Nueva York o miran en la tele el famoso desfile de globos, carrozas y bandas mientras esperan a que esté servida la comida de Acción de Gracias.

After dinner, many families settle down to watch a game of football. Other families play touch football in the backyard, or they take a walk to enjoy the autumn weather.

Después de la comida, muchas familias se sientan a ver un juego de fútbol americano. Otras familias juegan una versión más suave del fútbol americano en el patio o dan un paseo para disfrutar el clima otoñal.

Wherever Americans gather, Thanksgiving is a day to give thanks for food, for health, and for family. For one lucky turkey, it's also a day to give thanks for receiving an official presidential pardon.

Dondequiera que se reúnan, para los estadounidenses Acción de Gracias es un día para dar gracias por la comida, por la salud y por la familia. Y para un pavo con suerte, es también un día de dar gracias por recibir el perdón presidencial oficial.

FURTHER READING/LECTURAS RECOMENDADAS

Books

Anderson, Laurie Halse. Illustrated by Matt Faulkner. *Thank You, Sarah: The Woman Who Saved Thanksgiving*. New York: Simon and Schuster, 2002.

Dalgliesh, Alice. Illustrated by Helen Sewell. *The Thanksgiving Story*. New York: Aladdin, 1954, 1985.

Gibbons, Gail. *Thanksgiving*. New York: Holiday House, 2004.

Libros

Ada, Alma Flor / Campoy, Isabel, Ilustrado por Claudia Rueda. *Celebra el día de Acción de Gracias con Beto y Gaby*. Santillana USA, 2006.

White, Amy, Ilustrado por Karelyn Siegler. *El primer día de Acción de Gracias*. Santillana USA, 2009.

Works Consulted/Obras consultadas

Appelbaum, Diana Karter. *Thanksgiving: An American Holiday, An American History*. New York: Facts on File, 1984.

Baker, James. *Thanksgiving: The Biography of an American Holiday*. Lebanon: University of New Hampshire Press, 2009.

Curtin, Kathleen, and Sandra Oliver. *Giving Thanks: Thanksgiving Recipes and History, from Pilgrims to Pumpkin Pie*. New York: Clarkson Potter/Publishers, 2005.

On the Internet

American and Canadian Thanksgiving Customs
http://www.thanksgivingnovember.com

The Chinese Moon or Mid-Autumn Festival
http://www.chinavoc.com/festivals/Midautumn.htm

Favorite Thanksgiving Traditions and Customs
http://www.thanksgiving.org.uk/thanksgiving-day-practices.html

Pilgrim History of Thanksgiving
http://alden.org/pilgrim_lore/thanksgiving.html

Pongal Festival in India
http://www.pongalfestival.org/what-is-pongal.html

En Internet

Día de Acción de Gracias en Canadá
http://kidzworldespanol.com/articulo/accion-gracias-canadiense

Festival de la Luna en China
http://metztliazul.blogspot.com/2006/12/festival-de-la-luna-festival-de-medio.html

Festival Pongal en la India
http://www.sathyasailatino.org/festividades/festival_del_sur_de_india.htm

INDEX/ÍNDICE